Appointment Book

APPOINTMENTS

8 AM			
9 AM			
10 AM			
11 AM			
12 AM			
1 PM			
2 PM			
3 PM			
4 PM			
5 PM			
6 PM			
7 PM			
8 PM			
9 PM			

APPOINTMENTS

8 AM			
9 AM			
10 AM			
11 AM			
12 AM			
1 PM			
2 PM			
3 PM			
4 PM			
5 PM			
6 PM			
7 PM			
8 PM			
9 PM			

APPOINTMENTS

8 AM			
9 AM			
10 AM			
11 AM			
12 AM			
1 PM			
2 PM			
3 PM			
4 PM			
5 PM			
6 PM			
7 PM			
8 PM			
9 PM			

APPOINTMENTS

8 AM			
9 AM			
10 AM			
11 AM			
12 AM			
1 PM			
2 PM			
3 PM			
4 PM			
5 PM			
6 PM			
7 PM			
8 PM			
9 PM			

APPOINTMENTS

8 AM			
9 AM			
10 AM			
11 AM			
12 AM			
1 PM			
2 PM			
3 PM			
4 PM			
5 PM			
6 PM			
7 PM			
8 PM			
9 PM			

APPOINTMENTS

8 AM			
9 AM			
10 AM			
11 AM			
12 AM			
1 PM			
2 PM			
3 PM			
4 PM			
5 PM			
6 PM			
7 PM			
8 PM			
9 PM			

APPOINTMENTS

8 AM			
9 AM			
10 AM			
11 AM			
12 AM			
1 PM			
2 PM			
3 PM			
4 PM			
5 PM			
6 PM			
7 PM			
8 PM			
9 PM			

APPOINTMENTS

8 AM				
9 AM				
10 AM				
11 AM				
12 AM				
1 PM				
2 PM				
3 PM				
4 PM				
5 PM				
6 PM				
7 PM				
8 PM				
9 PM				

APPOINTMENTS

8 AM			
9 AM			
10 AM			
11 AM			
12 AM			
1 PM			
2 PM			
3 PM			
4 PM			
5 PM			
6 PM			
7 PM			
8 PM			
9 PM			

APPOINTMENTS

8 AM				
9 AM				
10 AM				
11 AM				
12 AM				
1 PM				
2 PM				
3 PM				
4 PM				
5 PM				
6 PM				
7 PM				
8 PM				
9 PM				

APPOINTMENTS

8 AM				
9 AM				
10 AM				
11 AM				
12 AM				
1 PM				
2 PM				
3 PM				
4 PM				
5 PM				
6 PM				
7 PM				
8 PM				
9 PM				

APPOINTMENTS

8 AM			
9 AM			
10 AM			
11 AM			
12 AM			
1 PM			
2 PM			
3 PM			
4 PM			
5 PM			
6 PM			
7 PM			
8 PM			
9 PM			

APPOINTMENTS

8 AM			
9 AM			
10 AM			
11 AM			
12 AM			
1 PM			
2 PM			
3 PM			
4 PM			
5 PM			
6 PM			
7 PM			
8 PM			
9 PM			

APPOINTMENTS

8 AM			
9 AM			
10 AM			
11 AM			
12 AM			
1 PM			
2 PM			
3 PM			
4 PM			
5 PM			
6 PM			
7 PM			
8 PM			
9 PM			

APPOINTMENTS

8 AM				
9 AM				
10 AM				
11 AM				
12 AM				
1 PM				
2 PM				
3 PM				
4 PM				
5 PM				
6 PM				
7 PM				
8 PM				
9 PM				

APPOINTMENTS

8 AM				
9 AM				
10 AM				
11 AM				
12 AM				
1 PM				
2 PM				
3 PM				
4 PM				
5 PM				
6 PM				
7 PM				
8 PM				
9 PM				

APPOINTMENTS

8 AM			
9 AM			
10 AM			
11 AM			
12 AM			
1 PM			
2 PM			
3 PM			
4 PM			
5 PM			
6 PM			
7 PM			
8 PM			
9 PM			

APPOINTMENTS

8 AM			
9 AM			
10 AM			
11 AM			
12 AM			
1 PM			
2 PM			
3 PM			
4 PM			
5 PM			
6 PM			
7 PM			
8 PM			
9 PM			

APPOINTMENTS

8 AM			
9 AM			
10 AM			
11 AM			
12 AM			
1 PM			
2 PM			
3 PM			
4 PM			
5 PM			
6 PM			
7 PM			
8 PM			
9 PM			

APPOINTMENTS

8 AM			
9 AM			
10 AM			
11 AM			
12 AM			
1 PM			
2 PM			
3 PM			
4 PM			
5 PM			
6 PM			
7 PM			
8 PM			
9 PM			

APPOINTMENTS

8 AM			
9 AM			
10 AM			
11 AM			
12 AM			
1 PM			
2 PM			
3 PM			
4 PM			
5 PM			
6 PM			
7 PM			
8 PM			
9 PM			

APPOINTMENTS

8 AM			
9 AM			
10 AM			
11 AM			
12 AM			
1 PM			
2 PM			
3 PM			
4 PM			
5 PM			
6 PM			
7 PM			
8 PM			
9 PM			

APPOINTMENTS

8 AM			
9 AM			
10 AM			
11 AM			
12 AM			
1 PM			
2 PM			
3 PM			
4 PM			
5 PM			
6 PM			
7 PM			
8 PM			
9 PM			

APPOINTMENTS

8 AM			
9 AM			
10 AM			
11 AM			
12 AM			
1 PM			
2 PM			
3 PM			
4 PM			
5 PM			
6 PM			
7 PM			
8 PM			
9 PM			

APPOINTMENTS

8 AM			
9 AM			
10 AM			
11 AM			
12 AM			
1 PM			
2 PM			
3 PM			
4 PM			
5 PM			
6 PM			
7 PM			
8 PM			
9 PM			

APPOINTMENTS

8 AM			
9 AM			
10 AM			
11 AM			
12 AM			
1 PM			
2 PM			
3 PM			
4 PM			
5 PM			
6 PM			
7 PM			
8 PM			
9 PM			

APPOINTMENTS

8 AM				
9 AM				
10 AM				
11 AM				
12 AM				
1 PM				
2 PM				
3 PM				
4 PM				
5 PM				
6 PM				
7 PM				
8 PM				
9 PM				

APPOINTMENTS

8 AM				
9 AM				
10 AM				
11 AM				
12 AM				
1 PM				
2 PM				
3 PM				
4 PM				
5 PM				
6 PM				
7 PM				
8 PM				
9 PM				

APPOINTMENTS

8 AM				
9 AM				
10 AM				
11 AM				
12 AM				
1 PM				
2 PM				
3 PM				
4 PM				
5 PM				
6 PM				
7 PM				
8 PM				
9 PM				

APPOINTMENTS

8 AM			
9 AM			
10 AM			
11 AM			
12 AM			
1 PM			
2 PM			
3 PM			
4 PM			
5 PM			
6 PM			
7 PM			
8 PM			
9 PM			

APPOINTMENTS

8 AM			
9 AM			
10 AM			
11 AM			
12 AM			
1 PM			
2 PM			
3 PM			
4 PM			
5 PM			
6 PM			
7 PM			
8 PM			
9 PM			

APPOINTMENTS

8 AM			
9 AM			
10 AM			
11 AM			
12 AM			
1 PM			
2 PM			
3 PM			
4 PM			
5 PM			
6 PM			
7 PM			
8 PM			
9 PM			

APPOINTMENTS

8 AM			
9 AM			
10 AM			
11 AM			
12 AM			
1 PM			
2 PM			
3 PM			
4 PM			
5 PM			
6 PM			
7 PM			
8 PM			
9 PM			

APPOINTMENTS

8 AM			
9 AM			
10 AM			
11 AM			
12 AM			
1 PM			
2 PM			
3 PM			
4 PM			
5 PM			
6 PM			
7 PM			
8 PM			
9 PM			

APPOINTMENTS

8 AM				
9 AM				
10 AM				
11 AM				
12 AM				
1 PM				
2 PM				
3 PM				
4 PM				
5 PM				
6 PM				
7 PM				
8 PM				
9 PM				

APPOINTMENTS

8 AM			
9 AM			
10 AM			
11 AM			
12 AM			
1 PM			
2 PM			
3 PM			
4 PM			
5 PM			
6 PM			
7 PM			
8 PM			
9 PM			

APPOINTMENTS

8 AM			
9 AM			
10 AM			
11 AM			
12 AM			
1 PM			
2 PM			
3 PM			
4 PM			
5 PM			
6 PM			
7 PM			
8 PM			
9 PM			

APPOINTMENTS

8 AM			
9 AM			
10 AM			
11 AM			
12 AM			
1 PM			
2 PM			
3 PM			
4 PM			
5 PM			
6 PM			
7 PM			
8 PM			
9 PM			

APPOINTMENTS

8 AM			
9 AM			
10 AM			
11 AM			
12 AM			
1 PM			
2 PM			
3 PM			
4 PM			
5 PM			
6 PM			
7 PM			
8 PM			
9 PM			

APPOINTMENTS

8 AM			
9 AM			
10 AM			
11 AM			
12 AM			
1 PM			
2 PM			
3 PM			
4 PM			
5 PM			
6 PM			
7 PM			
8 PM			
9 PM			

APPOINTMENTS

8 AM			
9 AM			
10 AM			
11 AM			
12 AM			
1 PM			
2 PM			
3 PM			
4 PM			
5 PM			
6 PM			
7 PM			
8 PM			
9 PM			

APPOINTMENTS

8 AM			
9 AM			
10 AM			
11 AM			
12 AM			
1 PM			
2 PM			
3 PM			
4 PM			
5 PM			
6 PM			
7 PM			
8 PM			
9 PM			

APPOINTMENTS

8 AM			
9 AM			
10 AM			
11 AM			
12 AM			
1 PM			
2 PM			
3 PM			
4 PM			
5 PM			
6 PM			
7 PM			
8 PM			
9 PM			

APPOINTMENTS

8 AM			
9 AM			
10 AM			
11 AM			
12 AM			
1 PM			
2 PM			
3 PM			
4 PM			
5 PM			
6 PM			
7 PM			
8 PM			
9 PM			

APPOINTMENTS

8 AM			
9 AM			
10 AM			
11 AM			
12 AM			
1 PM			
2 PM			
3 PM			
4 PM			
5 PM			
6 PM			
7 PM			
8 PM			
9 PM			

APPOINTMENTS

8 AM			
9 AM			
10 AM			
11 AM			
12 AM			
1 PM			
2 PM			
3 PM			
4 PM			
5 PM			
6 PM			
7 PM			
8 PM			
9 PM			

APPOINTMENTS

8 AM			
9 AM			
10 AM			
11 AM			
12 AM			
1 PM			
2 PM			
3 PM			
4 PM			
5 PM			
6 PM			
7 PM			
8 PM			
9 PM			

APPOINTMENTS

8 AM			
9 AM			
10 AM			
11 AM			
12 AM			
1 PM			
2 PM			
3 PM			
4 PM			
5 PM			
6 PM			
7 PM			
8 PM			
9 PM			

APPOINTMENTS

8 AM			
9 AM			
10 AM			
11 AM			
12 AM			
1 PM			
2 PM			
3 PM			
4 PM			
5 PM			
6 PM			
7 PM			
8 PM			
9 PM			

APPOINTMENTS

8 AM			
9 AM			
10 AM			
11 AM			
12 AM			
1 PM			
2 PM			
3 PM			
4 PM			
5 PM			
6 PM			
7 PM			
8 PM			
9 PM			

APPOINTMENTS

8 AM			
9 AM			
10 AM			
11 AM			
12 AM			
1 PM			
2 PM			
3 PM			
4 PM			
5 PM			
6 PM			
7 PM			
8 PM			
9 PM			

APPOINTMENTS

8 AM			
9 AM			
10 AM			
11 AM			
12 AM			
1 PM			
2 PM			
3 PM			
4 PM			
5 PM			
6 PM			
7 PM			
8 PM			
9 PM			

APPOINTMENTS

8 AM			
9 AM			
10 AM			
11 AM			
12 AM			
1 PM			
2 PM			
3 PM			
4 PM			
5 PM			
6 PM			
7 PM			
8 PM			
9 PM			

APPOINTMENTS

8 AM			
9 AM			
10 AM			
11 AM			
12 AM			
1 PM			
2 PM			
3 PM			
4 PM			
5 PM			
6 PM			
7 PM			
8 PM			
9 PM			

APPOINTMENTS

8 AM			
9 AM			
10 AM			
11 AM			
12 AM			
1 PM			
2 PM			
3 PM			
4 PM			
5 PM			
6 PM			
7 PM			
8 PM			
9 PM			

APPOINTMENTS

8 AM			
9 AM			
10 AM			
11 AM			
12 AM			
1 PM			
2 PM			
3 PM			
4 PM			
5 PM			
6 PM			
7 PM			
8 PM			
9 PM			

APPOINTMENTS

8 AM			
9 AM			
10 AM			
11 AM			
12 AM			
1 PM			
2 PM			
3 PM			
4 PM			
5 PM			
6 PM			
7 PM			
8 PM			
9 PM			

APPOINTMENTS

8 AM				
9 AM				
10 AM				
11 AM				
12 AM				
1 PM				
2 PM				
3 PM				
4 PM				
5 PM				
6 PM				
7 PM				
8 PM				
9 PM				

APPOINTMENTS

8 AM			
9 AM			
10 AM			
11 AM			
12 AM			
1 PM			
2 PM			
3 PM			
4 PM			
5 PM			
6 PM			
7 PM			
8 PM			
9 PM			

APPOINTMENTS

8 AM			
9 AM			
10 AM			
11 AM			
12 AM			
1 PM			
2 PM			
3 PM			
4 PM			
5 PM			
6 PM			
7 PM			
8 PM			
9 PM			

APPOINTMENTS

8 AM				
9 AM				
10 AM				
11 AM				
12 AM				
1 PM				
2 PM				
3 PM				
4 PM				
5 PM				
6 PM				
7 PM				
8 PM				
9 PM				

APPOINTMENTS

8 AM			
9 AM			
10 AM			
11 AM			
12 AM			
1 PM			
2 PM			
3 PM			
4 PM			
5 PM			
6 PM			
7 PM			
8 PM			
9 PM			

APPOINTMENTS

8 AM			
9 AM			
10 AM			
11 AM			
12 AM			
1 PM			
2 PM			
3 PM			
4 PM			
5 PM			
6 PM			
7 PM			
8 PM			
9 PM			

APPOINTMENTS

8 AM			
9 AM			
10 AM			
11 AM			
12 AM			
1 PM			
2 PM			
3 PM			
4 PM			
5 PM			
6 PM			
7 PM			
8 PM			
9 PM			

APPOINTMENTS

8 AM			
9 AM			
10 AM			
11 AM			
12 AM			
1 PM			
2 PM			
3 PM			
4 PM			
5 PM			
6 PM			
7 PM			
8 PM			
9 PM			

APPOINTMENTS

8 AM			
9 AM			
10 AM			
11 AM			
12 AM			
1 PM			
2 PM			
3 PM			
4 PM			
5 PM			
6 PM			
7 PM			
8 PM			
9 PM			

APPOINTMENTS

8 AM			
9 AM			
10 AM			
11 AM			
12 AM			
1 PM			
2 PM			
3 PM			
4 PM			
5 PM			
6 PM			
7 PM			
8 PM			
9 PM			

APPOINTMENTS

8 AM			
9 AM			
10 AM			
11 AM			
12 AM			
1 PM			
2 PM			
3 PM			
4 PM			
5 PM			
6 PM			
7 PM			
8 PM			
9 PM			

APPOINTMENTS

8 AM				
9 AM				
10 AM				
11 AM				
12 AM				
1 PM				
2 PM				
3 PM				
4 PM				
5 PM				
6 PM				
7 PM				
8 PM				
9 PM				

APPOINTMENTS

8 AM			
9 AM			
10 AM			
11 AM			
12 AM			
1 PM			
2 PM			
3 PM			
4 PM			
5 PM			
6 PM			
7 PM			
8 PM			
9 PM			

APPOINTMENTS

8 AM			
9 AM			
10 AM			
11 AM			
12 AM			
1 PM			
2 PM			
3 PM			
4 PM			
5 PM			
6 PM			
7 PM			
8 PM			
9 PM			

APPOINTMENTS

8 AM			
9 AM			
10 AM			
11 AM			
12 AM			
1 PM			
2 PM			
3 PM			
4 PM			
5 PM			
6 PM			
7 PM			
8 PM			
9 PM			

APPOINTMENTS

8 AM				
9 AM				
10 AM				
11 AM				
12 AM				
1 PM				
2 PM				
3 PM				
4 PM				
5 PM				
6 PM				
7 PM				
8 PM				
9 PM				

APPOINTMENTS

8 AM			
9 AM			
10 AM			
11 AM			
12 AM			
1 PM			
2 PM			
3 PM			
4 PM			
5 PM			
6 PM			
7 PM			
8 PM			
9 PM			

APPOINTMENTS

8 AM			
9 AM			
10 AM			
11 AM			
12 AM			
1 PM			
2 PM			
3 PM			
4 PM			
5 PM			
6 PM			
7 PM			
8 PM			
9 PM			

APPOINTMENTS

8 AM			
9 AM			
10 AM			
11 AM			
12 AM			
1 PM			
2 PM			
3 PM			
4 PM			
5 PM			
6 PM			
7 PM			
8 PM			
9 PM			

APPOINTMENTS

8 AM			
9 AM			
10 AM			
11 AM			
12 AM			
1 PM			
2 PM			
3 PM			
4 PM			
5 PM			
6 PM			
7 PM			
8 PM			
9 PM			

APPOINTMENTS

8 AM			
9 AM			
10 AM			
11 AM			
12 AM			
1 PM			
2 PM			
3 PM			
4 PM			
5 PM			
6 PM			
7 PM			
8 PM			
9 PM			

APPOINTMENTS

8 AM			
9 AM			
10 AM			
11 AM			
12 AM			
1 PM			
2 PM			
3 PM			
4 PM			
5 PM			
6 PM			
7 PM			
8 PM			
9 PM			

APPOINTMENTS

8 AM			
9 AM			
10 AM			
11 AM			
12 AM			
1 PM			
2 PM			
3 PM			
4 PM			
5 PM			
6 PM			
7 PM			
8 PM			
9 PM			

APPOINTMENTS

8 AM			
9 AM			
10 AM			
11 AM			
12 AM			
1 PM			
2 PM			
3 PM			
4 PM			
5 PM			
6 PM			
7 PM			
8 PM			
9 PM			

APPOINTMENTS

8 AM			
9 AM			
10 AM			
11 AM			
12 AM			
1 PM			
2 PM			
3 PM			
4 PM			
5 PM			
6 PM			
7 PM			
8 PM			
9 PM			

APPOINTMENTS

8 AM			
9 AM			
10 AM			
11 AM			
12 AM			
1 PM			
2 PM			
3 PM			
4 PM			
5 PM			
6 PM			
7 PM			
8 PM			
9 PM			

APPOINTMENTS

8 AM			
9 AM			
10 AM			
11 AM			
12 AM			
1 PM			
2 PM			
3 PM			
4 PM			
5 PM			
6 PM			
7 PM			
8 PM			
9 PM			

APPOINTMENTS

8 AM				
9 AM				
10 AM				
11 AM				
12 AM				
1 PM				
2 PM				
3 PM				
4 PM				
5 PM				
6 PM				
7 PM				
8 PM				
9 PM				

APPOINTMENTS

8 AM			
9 AM			
10 AM			
11 AM			
12 AM			
1 PM			
2 PM			
3 PM			
4 PM			
5 PM			
6 PM			
7 PM			
8 PM			
9 PM			

APPOINTMENTS

8 AM			
9 AM			
10 AM			
11 AM			
12 AM			
1 PM			
2 PM			
3 PM			
4 PM			
5 PM			
6 PM			
7 PM			
8 PM			
9 PM			

APPOINTMENTS

8 AM			
9 AM			
10 AM			
11 AM			
12 AM			
1 PM			
2 PM			
3 PM			
4 PM			
5 PM			
6 PM			
7 PM			
8 PM			
9 PM			

APPOINTMENTS

8 AM			
9 AM			
10 AM			
11 AM			
12 AM			
1 PM			
2 PM			
3 PM			
4 PM			
5 PM			
.6 PM			
7 PM			
8 PM			
9 PM			

APPOINTMENTS

8 AM			
9 AM			
10 AM			
11 AM			
12 AM			
1 PM			
2 PM			
3 PM			
4 PM			
5 PM			
6 PM			
7 PM			
8 PM			
9 PM			

APPOINTMENTS

8 AM			
9 AM			
10 AM			
11 AM			
12 AM			
1 PM			
2 PM			
3 PM			
4 PM			
5 PM			
6 PM			
7 PM			
8 PM			
9 PM			

APPOINTMENTS

8 AM			
9 AM			
10 AM			
11 AM			
12 AM			
1 PM			
2 PM			
3 PM			
4 PM			
5 PM			
6 PM			
7 PM			
8 PM			
9 PM			

APPOINTMENTS

8 AM			
9 AM			
10 AM			
11 AM			
12 AM			
1 PM			
2 PM			
3 PM			
4 PM			
5 PM			
6 PM			
7 PM			
8 PM			
9 PM			

APPOINTMENTS

8 AM			
9 AM			
10 AM			
11 AM			
12 AM			
1 PM			
2 PM			
3 PM			
4 PM			
5 PM			
6 PM			
7 PM			
8 PM			
9 PM			

APPOINTMENTS

8 AM			
9 AM			
10 AM			
11 AM			
12 AM			
1 PM			
2 PM			
3 PM			
4 PM			
5 PM			
6 PM			
7 PM			
8 PM			
9 PM			

APPOINTMENTS

8 AM			
9 AM			
10 AM			
11 AM			
12 AM			
1 PM			
2 PM			
3 PM			
4 PM			
5 PM			
6 PM			
7 PM			
8 PM			
9 PM			

APPOINTMENTS

8 AM			
9 AM			
10 AM			
11 AM			
12 AM			
1 PM			
2 PM			
3 PM			
4 PM			
5 PM			
6 PM			
7 PM			
8 PM			
9 PM			

APPOINTMENTS

8 AM				
9 AM				
10 AM				
11 AM				
12 AM				
1 PM				
2 PM				
3 PM				
4 PM				
5 PM				
6 PM				
7 PM				
8 PM				
9 PM				

APPOINTMENTS

8 AM			
9 AM			
10 AM			
11 AM			
12 AM			
1 PM			
2 PM			
3 PM			
4 PM			
5 PM			
6 PM			
7 PM			
8 PM			
9 PM			

APPOINTMENTS

8 AM			
9 AM			
10 AM			
11 AM			
12 AM			
1 PM			
2 PM			
3 PM			
4 PM			
5 PM			
6 PM			
7 PM			
8 PM			
9 PM			

APPOINTMENTS

8 AM			
9 AM			
10 AM			
11 AM			
12 AM			
1 PM			
2 PM			
3 PM			
4 PM			
5 PM			
6 PM			
7 PM			
8 PM			
9 PM			

APPOINTMENTS

8 AM			
9 AM			
10 AM			
11 AM			
12 AM			
1 PM			
2 PM			
3 PM			
4 PM			
5 PM			
6 PM			
7 PM			
8 PM			
9 PM			

APPOINTMENTS

8 AM			
9 AM			
10 AM			
11 AM			
12 AM			
1 PM			
2 PM			
3 PM			
4 PM			
5 PM			
6 PM			
7 PM			
8 PM			
9 PM			

APPOINTMENTS

8 AM				
9 AM				
10 AM				
11 AM				
12 AM				
1 PM				
2 PM				
3 PM				
4 PM				
5 PM				
6 PM				
7 PM				
8 PM				
9 PM				

APPOINTMENTS

8 AM			
9 AM			
10 AM			
11 AM			
12 AM			
1 PM			
2 PM			
3 PM			
4 PM			
5 PM			
6 PM			
7 PM			
8 PM			
9 PM			

APPOINTMENTS

8 AM			
9 AM			
10 AM			
11 AM			
12 AM			
1 PM			
2 PM			
3 PM			
4 PM			
5 PM			
6 PM			
7 PM			
8 PM			
9 PM			

NOTES

NOTES

www.ingramcontent.com/pod-product-compliance
Lightning Source LLC
Chambersburg PA
CBHW080600030426
42336CB00019B/3272